SA MAJESTÉ

CHARLES X

A LAON,

le 3 et le 4 septembre 1827.

Louis XV a honoré la ville de Laon de sa présence, en l'année 1744. J'ai dans les mains l'historique de ce passage, rédigé par M. Duflot, alors secrétaire de la Mairie, aïeul paternel de mon épouse.

Remplissant, depuis quinze ans les mêmes fonctions près l'administration municipale, j'ai pensé qu'il pouvait m'être permis de retracer les journées, à jamais heureuses pour notre ville, des 3 et 4 septembre 1827.

L'objet de cette petite production la fera probablement accueillir avec indulgence.

FLEURY, *secrétaire de la Mairie,*

Sergent-major des chasseurs de la garde nationale.

ARRIVÉE ET SÉJOUR
A LAON
DE SA MAJESTÉ CHARLES X,

le 3 et le 4 septembre 1827.

Il y a un mois que la nouvelle, jusque là incertaine, de l'arrivée du Roi dans la ville de Laon, s'est confirmée; aussitôt tous les cœurs se sont émus à la seule pensée que nous allions jouir de l'auguste présence d'un Souverain, le modèle accompli de la bonté et de l'affabilité. M. De Sars de la Suze, maire de la ville de Laon, réunit le conseil municipal qui, par une délibération prise à l'unanimité, vote, par acclamation, un crédit de quinze mille francs, pour faire à SA MAJESTÉ, autant que les localités pourront le permettre, une réception qui réponde à l'attachement des Laonnois pour le père de la Patrie. M. le Maire fait ensuite part à ses concitoyens de l'heureux événement, par une proclamation publiée avec solennité dans la ville et les faubourgs.

Dès ce moment, tout s'anime dans notre ville, tout y reçoit une physionomie nouvelle; partout des échafaudages sont dressés devant les maisons pour en gratter et blanchir les façades. Les peintres, les tapissiers, les décorateurs, tous les arts enfin s'unissent pour les apprêts de la réception du Bien-Aimé. Vous diriez de Laon pour l'activité, pour le mouvement qui y règnent, une *Salente* nouvelle, quand Minerve, sous la figure de Mentor, en dirige les constructions.

L'autorité municipale prend des dispositions pour organiser une garde d'honneur.

Les bois, les forêts du voisinage sont mis à contribution ; tous nos habitans s'y transportent pour dépouiller le chêne antique du lierre qui le décore. Formé en guirlandes onduleuses, ce lierre est destiné à parer nos façades, et mêlé de fleurs et d'emblêmes allégoriques et monarchiques, à unir les deux lignes de maisons dans les rues que doit traverser le Roi.

Un programme, contenant le détail des fêtes et réjouissances qui marqueront l'heureux jour du 3 septembre, est accueilli avec enthousiasme.

C'est avec les mêmes sentimens que l'on entend la lecture faite, aussi avec solennité, de la proclamation que M. le comte de Floirac, ce vénérable magistrat, si cher à ses administrés, adresse à MM. les Maires.

Cependant le temps, dont rien n'arrête la marche, s'avance à grands pas. Serons-nous prêts? Nos cœurs, oui : leurs sentimens sont invariables; mais nos dispositions ?.....

L'ordre pour une revue est donné à la garde nationale. Cette revue a lieu sur la promenade de la Plaine, et promet assez d'ensemble dans l'exécution des manœuvres.

Déjà, sur tous les points, s'élèvent les arcs de triomphe et des portiques.

L'arc de triomphe où le Roi, à son arrivée dans la commune, recevra, par l'organe de M. le Maire, l'hommage du respect, de l'amour et de la fidélité des Laonnois, est dressé à l'extrémité de Semilly, faubourg au bas de la montagne. Le point où il est placé est favorablement choisi, S. M. pouvant l'apercevoir à la distance d'une lieue. Cet édifice, de l'ordre toscan, d'une élégante simplicité, mais d'une exécution achevée, est décoré des armes du Roi, de deux Renommées et de trophées d'armes.

On lit dans la frise :

AU ROI
LES FIDÈLES HABITANS DE LAON.

L'entrée dans la ville, par la route de Paris, offre une porte gothique, parfaitement en harmonie avec les murs du rempart et les tours dont il est flanqué.

Ce quatrain est dans la frise :

> Dans ces murs où jadis siégèrent vos aïeux,
> Entrez, ô BIEN-AIMÉ, des bons Rois le modèle ;
> Vos traits si désirés vont combler tous les vœux
> D'une cité toujours à ses Princes fidele.

VIVE LE ROI !

A l'hôtel de Ville, on voit à l'entrée s'élever deux colonnes de l'ordre composite avec deux murs d'appui, ce qui forme le premier plan. Au fond de la cour, en avant du perron de l'aile principale, est un portique de l'ordre corinthien ayant trois entrées, décorées de six colonnes du même ordre. Les panneaux y offrent pour ornemens les armes de France, le chiffre de S. M. CHARLES X, des trophées et autres accessoires allégoriques. Le fronton qui couronne cet édifice, est d'une largeur de 17 mètres sur une élévation de 5 mètres 50 centimètres. La France, accompagnée du génie de la paix, témoigne au Roi, dont elle soutient le buste, peint dans un médaillon, que le bonheur dont jouissent ses enfans, est son ouvrage. Les arts, l'abondance enrichissent de leurs trésors les autres parties du fronton, au-dessous duquel est écrit ce dystique faisant allusion au Roi :

LOUIS XII et HENRI revivent dans ses traits,
Respect, amour sans borne au père des Français.

L'édifice que nous venons de décrire, autant qu'il a été en nous, est d'un travail admirable et du plus bel effet; il est dû au pinceau de M. Pollet jeune, décorateur. Le dessin du portique ainsi que celui des arcs de triomphe appartient à M. Féart, architecte.

Une porte, d'un style gothique, décore l'issue de la ville, sur le passage du Roi, à son départ pour se rendre à Cambrai. Vous lisez, dans la partie supérieure, cette inscription :

Pour le digne fils de HENRI, se montrer, c'est gagner les cœurs.
VIVE LE ROI !

Notre montagne est isolée de toutes parts, et nos faubourgs se trouvent au pied de la côte. L'arc de triomphe où M. le Maire, accompagné du corps municipal, doit aller présenter l'hommage de nos vœux et de notre amour au Roi, est placé sur la route de La Fère, à quelque distance du faubourg de St-Marcel. Cet édifice est de l'ordre ionique. On lit dans la frise :

> Nous n'avons plus de vœux à former, si le respectueux hommage de nos cœurs a été agreable au Bien-Aimé Charles X.
> VIVE LE ROI !

Le jour tant désiré approche ; nous allons y toucher ; l'activité qui a été grande jusque là, est, s'il est possible, plus grande encore. Il est deux points qui en offrent particulièrement le tableau animé : nous voulons dire ; la Préfecture et l'hôtel de Ville. C'est à la Préfecture que descend l'auguste voyageur. Les appartemens, par les soins de M. le Préfet, en ont été renouvelés avec une élégance, avec une richesse dignes de la Majesté qui y est attendue. Les salons de l'hôtel de Ville, où se prépare la fête que le Roi a daigné agréer, se décorent aussi avec le plus grand goût; c'est M. De Sars de la Suze, que l'on voit se multiplier, qui, aidé de quelques commissaires nommés par le conseil municipal, préside à ce soin. Sur les deux points dont nous venons de parler, un système particulier d'illumination, doit être d'un effet admirable.

Déjà les bons de distributions aux indigens sont portés à domicile ; ils ne seront acquittés que le 3 septembre au matin. 3000 livres de pain, 1200 litres

de vin, 800 pièces de viande froide, sont ainsi ré‑
partis et seront livrés avec ordre et sans aucune con‑
fusion. Les gâteaux promis aux enfans, se préparent;
3500 ont été commandés. Quelques uns parviendront
à MM. les Ecclésiastiques, aux Dames de l'Hôtel-Dieu
et de l'Hôpital, à MM. les Membres du conseil mu‑
nicipal et à MM. les Officiers de la garde nationale,
avec ce bon :

*S. M. CHARLES X, à Laon, le 3 et le 4 septembre
1827.*

Gâteau du Roi.

L'artillerie de La Fère nous ayant envoyé quatre
pièces de canon pour saluer S. M. le 3 et le 4 septem‑
bre, notre ville, à la demande de quelques maires
des communes voisines, sur le passage du Roi, leur
fournit ses boîtes. Nous l'avons déjà dit : Laon est
sur une montagne très-élevée, isolée de toutes parts.
La préfecture est bâtie sur un point avancé qui com‑
mande, au midi, une plaine bornée circulairement
à un rayon d'une lieue, par une chaîne de monta‑
gnes. Tous les maires des villages au pied de cette
montagne, veulent témoigner la joie, veulent ma‑
nifester le bonheur que ressent toute la population,
de l'auguste présence de S. M., par des feux mul‑
tipliés, allumés sur la crête de cette chaîne de mon‑
tagnes. Séparés par la distance, mais réunis par le
même sentiment, par celui de l'amour pour le Roi,
nous correspondrons avec ces bons campagnards par
des fanaux placés sur les tours élevées de Notre-Dame.

Ces fanaux aperçus au nord à une distance de plus de vingt lieues, iront dire à toute cette contrée que Laon est au comble de ses vœux.

Des dispositions sont prises pour le logement des personnages formant la suite de Sa Majesté. M. le Maire fait publier, à cet égard, un avis. Les habitans répondent à cet appel avec leur zèle et leur empressement ordinaires.

Notre population s'accroît considérablement. Nos hôtels sont remplis d'habitans accourus en foule, venus en masse de tous les points du département, et même des départemens voisins. Une députation, à la tête de laquelle est M. le vicomte Ruinard de Brimont, maire de la ville de Reims, est au milieu de nous. Elle vient, au nom de la cité du Sacre, déposer aux pieds de S. M. l'expression respectueuse de ses sentimens d'amour et de reconnaissance pour le Bien-Aimé CHARLES X.

M. le comte de Corbière, ministre de l'intérieur, qui a précédé de vingt-quatre heures S. M., reçoit les félicitations respectueuses de M. le Maire et de MM. les Adjoints. Son Exc., accompagnée de M. le Maire, de ses Adjoints, et de M. le duc de Céreste, président du conseil général du département, visite la bibliothèque de la ville. Le style noble de la salle principale lui a plu; le ministre promène ses regards avec complaisance sur les tableaux, les bustes, les portraits des personnages illustres du département, et la balustrade qui la décore, et surtout sur les 18,000 volumes dont elle se compose. Quelques livres curieux, des éditions rares, et les manuscrits ont fixé particulièrement son attention. Parmi les manuscrits, S. Exc. a distingué un beau Térence, et les lettres d'Eginhard qui sont uniques dans cette forme, et que dernièrement un savant est venu consulter du fond de l'Allemagne. Le Ministre a vu aussi avec intérêt la nombreuse collection de médailles, et celle plus nombreuse encore d'autographes, où l'on compte déjà plus de 3,000 pièces. S'étant fait ouvrir le carton qui contient les écritures des Souverains, des Princes, des principaux Ministres, etc. S. Exc. a examiné une vingtaine d'autographes, entre lesquels nous citerons une lettre de l'empereur Alexandre, une autre de Louis XVIII, de l'écriture de Louis XVII, et l'original de cette fameuse charte de Hugues Capet, dont Mabillon a donné le *fac simile* dans sa diplomatique. Le Ministre s'est arrêté devant le tableau des souscripteurs qui concourent à l'augmentation annuelle de la bibliothèque. Il a applaudi au zèle des habitans qui s'empressent d'enrichir un dépôt aussi utile, et il a promis de continuer la bienveillance avec laquelle il a coutume de la seconder. La circonstance était favorable pour lui demander le buste de S. M. ; S. Exc. répond de la manière la plus aimable, qu'on n'a rien à refuser à une ville qui se dispose aussi bien à recevoir son Roi.

Mais le canon se fait entendre, les tambours de la garde nationale et de la compagnie des pompiers parcourent toutes les rues; on sonne les cloches dans toutes les églises de la ville et des faubourgs. C'est le premier signal pour nous préparer au beau jour du 3 septembre. La population, déjà plus que doublée, remplit tous les quartiers. On va partout pour jouir des préparatifs de la fête ; notre bonheur a commencé !

Enfin le soleil du 3 septembre a lui ; il répand l'allégresse dans tous les cœurs. On salue le grand jour par une salve d'artillerie, à laquelle se joignent le son des cloches et le bruit des tambours. Des milliers de drapeaux blancs flottent aux croisées; les façades des maisons dans les rues que doit traverser le Roi, sont élégamment tendues de draperies blanches, parées encore de guirlandes de lierre et de fleurs. Depuis la porte de la ville jusqu'à la préfecture, le Roi passera sous une voûte de verdure du tableau le plus agréable.

L'ordre le plus parfait préside aux distributions de comestibles, et les nombreux habitans qui y ont pris part, retournent dans leurs familles comblant le Roi de bénédictions et ne cessant de faire entendre des cris d'amour.

Et les enfans de la ville et des campagnes qui accourent en foule; combien est grande leur joie, combien est vif leur bonheur, en recevant le gâteau du Roi ! Oui, cet âge heureux conservera toujours les impressions du 3 septembre !

A deux heures, sur un rappel des tambours, la garde nationale se réunit dans la cour de l'hôtel de

Ville; elle est sous le commandement de M. Duchange, chevalier de la légion d'honneur; les grenadiers et chasseurs se font remarquer par la plus belle tenue.

La compagnie des pompiers est rassemblée aussi.

A trois heures, M. De Sars de la Suze, maire, MM. Ancelot et Poullet, adjoints, MM. les Membres du conseil municipal, descendent de l'hôtel de Ville pour se porter au-devant du Roi. On remarque à la tête du cortége M. le marquis de Rochemore, maître des cérémonies de France, et M. le baron de St-Félix, aide des cérémonies, qui accompagnent le corps municipal pour le présenter à SA MAJESTÉ.

Une salve d'artillerie et le bruit des cloches annoncent le départ du corps municipal qui, précédé de la garde nationale en colonnes par sections et escorté par les pompiers, formés en haies, traverse la ville et se rend à l'arc de triomphe au faubourg de Semilly. La marche est fermée par des foules d'habitans, avides de contempler les premiers les traits chéris du Souverain au-devant duquel se portent tous les cœurs.

Il est cinq heures. Un coup de canon se fait entendre....! *VOILA LE ROI* ! crient à la fois des milliers de voix qui s'élèvent près de l'arc de triomphe. Ce bruit, comme un écho, est répété sur toute l'étendue de la montagne de Semilly, dont les immenses revers en amphithéâtre, dominant la chaussée, sont animés par des flots d'une population d'au moins quinze à vingt mille âmes. Que ne s'est-il trouvé là un peintre pour reproduire ce tableau magique et enchanteur !

La garde nationale est formée sur deux rangs à droite et à gauche de l'arc de triomphe. M. le Maire, avec le corps municipal, est en dehors de cet édifice. Le canon ne cesse pas de se faire entendre. Les tambours battent au champ; la foule mêle ses transports à ce bruit. Le Roi arrive; il est au milieu de nous...... Vive le Roi! vive CHARLES le Bien-Aimé!... nous n'entendons plus que ces cris.

M. le Maire, profondément ému, en présentant les clefs de la ville au Roi, lui adresse ce discours :

« Sire,

» Nous apportons à V. M. les clefs de la ville de Laon, qui n'est pas sans quelques souvenirs. Nous venons encore, interprètes de ses fidèles habitans, offrir à un Roi bien aimé le tribut de nos respects, l'hommage de nos vœux et d'un sincère amour. Daignez, Sire, agréer ces vœux simples, mais vrais, et ce jour sera pour nous tous un jour d'allégresse et de bonheur. »

Sa Majesté, avec une expression de bonté qui caractérise si bien son auguste personne, a fait à cet hommage respectueux la réponse qui suit :

« Déjà je connaissais le bon esprit des Laonnois;
» il y a long-temps que je désirais me trouver au mi-
» lieu d'eux. »

Qui pourrait dire avec quels transports, avec quel élan des cœurs sont accueillies ces paroles gracieuses? on éprouve l'émotion; mais on ne l'exprime pas......

De l'arc de triomphe où la garde nationale avec le

corps municipal précède la voiture du Roi, qui est suivie par les escadrons des chasseurs de la garde royale, à la tête desquels est M. le comte de Serran, général commandant le département, ce n'est plus qu'une marche triomphale au milieu de *vivat* continuels, sortant de toutes les bouches. S. M., sur la chaussée de Semilly, paraît voir avec une satisfaction particulière, le tableau agité des versans et glacis de la montagne, d'où des acclamations innombrables s'échappent de toutes parts et saluent le père de la France. C'est avec le même enthousiasme qu'est accueillie S. M. dans toutes les rues sur son passage jusqu'à l'hôtel de la Préfecture. La foule encombre tous les points, et à toutes les croisées flottent et s'agitent des mouchoirs blancs en signe de l'allégresse générale.

La suite du Roi se compose de M. le duc de Polignac, premier écuyer de S. M.; de M. le duc de Blancas, premier gentilhomme de la chambre; de M. le duc de Luxembourg, capitaine des gardes du corps du Roi; de M. le comte de Pradel, premier chambellan, maître de la garde-robe; de M. le duc de Montemart, capitaine des gardes à pied ordinaires du corps du Roi; de M. le duc de Maillet, premier aide-de-camp. Avaient précédé Sa Majesté LL. EE. les ministres de l'intérieur et de la guerre, M. le marquis de Vaulchier, directeur général des postes, et M. Becquey, directeur des ponts et chaussées.

Le Roi, en descendant de voiture, ne s'est arrêté que quelques momens dans ses appartemens, et aussitôt après, toutes les autorités ont été présentées à S. M. qui les a accueillies avec beaucoup de bienveillance et de bonté. « Je crains, dit le Roi en s'adressant à M. Duchange, que la garde nationale n'ait été fatiguée. » — « Non, Sire, répond le commandant, » la circonstance a été trop heureuse; nous regrettons » seulement de ne pas pouvoir donner à votre au- » guste personne, des preuves plus particulières de » notre dévoûment. »

M. Louis, président, organe du tribunal, a eu l'honneur d'adresser au Roi le discours suivant :

« Sire,

» V. M. a bien voulu visiter son peuple, et ce peuple, ivre de reconnaissance, s'est précipité sur les pas de son Prince pour le saluer de mille cris d'allégresse et d'amour.

» Au milieu de ces transports de joie publique, le tribunal de première instance de Laon est heureux de faire entendre sa voix à V. M. et de lui exprimer enfin, sans intermédiaire, tous les sentimens de respect et de dévoûment dont il est pénétré pour votre auguste personne.

» Votre présence parmi nous, Sire, laissera dans nos cœurs de profonds souvenirs : elle est une nouvelle preuve de votre sollicitude pour vos peuples; elle sera pour V. M. une nouvelle garantie de notre respectueuse reconnaissance et de notre inviolable fidélité. »

Le Roi a fait cette réponse à M. le président :

« Je reçois avec grand plaisir l'expression de vos sentimens. J'aime à y compter. La meilleure manière de me prouver votre attachement est de rendre bonne justice à tous mes sujets. C'est mon premier devoir ; je l'ai remis entre vos mains. Je suis sûr que vous n'y manquerez jamais. C'est par là que vous mériterez mon estime et ma confiance. »

Trente couverts composaient le banquet royal où S. M. a daigné admettre madame la comtesse de Floirac, M. le Préfet, Mgr. l'Evêque de Soissons, M. le général comte de Serran, et M. De Sars de la Suze, maire. Le public circulait autour de la table. Madame la comtesse de Floirac était à la droite de S. M. et Mgr. l'Evêque à sa gauche. On remarquait aussi quelques notabilités du département admises à l'honneur de dîner avec le Roi : c'étaient M. le lieutenant-général comte Caffarelli, M. le maréchal-de-camp duc de Céreste, M. le colonel comte de Bussy, et M. le comte de Sainte-Aldegonde.

Après le banquet, le Roi a passé dans les jardins de la préfecture, élégamment illuminés, et d'où S. M. pouvait apercevoir les fanaux allumés sur les tours de Notre-Dame, et les feux sans nombre qui couronnaient la chaîne de montagnes au midi. Ce spectacle était réellement ravissant.

Le Roi, accompagné seulement de LL. EE. les ministres de l'intérieur et de la guerre, de quelques grands seigneurs et de M. le Préfet, s'est rendu, à pied, à huit heures et demie au bal à la Mairie. Partout sur son passage l'enthousiasme était au comble. Une immense population se pressait sur les pas de S. M. et lui témoignait tout le bonheur qu'elle éprouvait. Le Roi aussi partageait ce bonheur!

Au bal, S. M., précédée de M. le Maire, a fait plusieurs fois le tour des salons, daignant dire aux dames les choses les plus aimables et les plus gracieuses; elle a vu successivement danser deux quadrilles. Les premiers quadrilles étaient composés comme il suit :

Messieurs.	*Mesdames.*
Le marquis de *Castries*, colonel.	La vicomtesse *de Courval.*
Poullet, adjoint.	Huet.
Duchange.	Gaye.
Le marquis de *Sauvebœuf.*	*Laurendeau.*
Le chevalier *Dollé.*	De *Blécourt.*
Le baron de *Savigny.*	La baronne de *Lamotte.*
Soüef, substitut.	De *Jallais.*
Dersu.	De *Bonneau.*

Messieurs.	*Mesdemoiselles.*
Le comte de *Signier.*	*Poullet.*
De *Richecourt.*	De *Théis.*
Renard.	Mathilde De *Batz.*
Le comte de *Berthoult.*	De *Broca.*
De *Théis.*	De *Flavigny.*
De *Hennezet.*	De *Beauvillé.*
Le *Camus.*	De *Brazais.*
Paul *Dollé.*	*Desains.*

Le retour du Roi, se rendant à pied à la préfecture, a été marqué, de la part de toute la population qui encombrait les rues, par des témoignages d'amour non moins vifs que ceux par lesquels S. M. avait été saluée en allant à l'hôtel de Ville.

L'illumination était des plus brillantes. On voyait que les cœurs avaient été dans une douce et heureuse émulation, cherchant par mille moyens variés, à plaire au Bien-Aimé. La cour de la Préfecture, plantée en jardin anglais, était, pour l'élégance des dessins que présentait l'illumination, un véritable palais enchanté.

On lisait, dans la frise du portique, ce quatrain dû à la plume élégante de l'auteur de Polyclète :

> Pour consoler la France après un long veuvage
> Henri donna son cœur, Saint Louis ses vertus;
> L'Eternel anima cet auguste assemblage,
> Et l'on eut un Français de plus.

On nous pardonnera aisément de citer encore quelques devises, moins pour le mérite de la poésie, que pour les bons sentimens dont elles étaient l'expression. Un transparent offrait ce quatrain fait par un sous-officier de la garde nationale :

> Heureux Roi, tu peux dire en voyant tes sujets :
> « Sur leurs cœurs généreux j'exerce ma puissance. »
> Heureux peuple, tu sais que, père des Français,
> CHARLES dans ton amour place sa récompense.
>
> VIVE LE ROI !

On lisait aussi, sur un transparent placé aux croisées d'un habitant, cette pensée dont l'application sortait de toutes les bouches dans la foule qui sans cesse parcourait les rues de la ville :

La bonté sur le trône est un bienfait des Cieux.

Une ivresse générale n'a cessé de se manifester pendant cette belle nuit, et quoique notre population fût au moins quadruplée, tout a constamment offert l'image la plus parfaite de la décence et du plus grand ordre.

Le 4 septembre, à six heures du matin, toute la garde nationale dont une partie avait concouru, avec la garde royale, à faire le service au palais, était sous les armes. Elle se rend avec le corps municipal à l'église Notre-Dame où le Roi doit entendre la messe. Ce vaste temple est déjà entièrement rempli par des masses de population qui ont vu le Roi, mais qui veulent le revoir encore, tant on est heureux de contempler ce front auguste où siége la bonté!

Les acclamations du dehors, le son des cloches annoncent l'arrivée de S. M.; elle est reçue, sous un dais, par M. de Simony, évêque de Soissons et Laon, qui est à la tête d'un clergé nombreux. La sainteté du lieu ne peut arrêter l'élan des cœurs. Mille et mille cris de vive le Roi ! se font entendre et vont retentir dans les galeries de l'édifice religieux où CHARLES vient s'humilier devant la suprême Majesté, devant le Dieu de Saint Louis !

Pendant la messe on entend les airs chéris des Français, qu'exécutent les musiciens des chasseurs de la garde royale ; l'orgue est touché par M. Perne, correspondant de l'Institut, ancien inspecteur du Conservatoire , et pensionnaire du Roi.

Le royal cortége qui est arrivé à l'église en tenant la rue Châtelaine , passe , en retournant à la Préfecture, par la rue Sérurier. La marche est lente , le Roi prenant autant de plaisir à voir un peuple qui lui est dévoué, que celui-ci trouve de bonheur à contempler son Souverain , son père. Mais , qui retient cette foule si avide, si empressée ? qui l'empêche, cédant à son transport, de serrer, de presser les mains du Roi.....? O magique effet du respect qu'inspire la Majesté !

Rentrée dans ses appartemens , S. M. y prend un léger déjeûner ; pendant ce temps , M. le Maire , accompagné de MM. les Adjoints, de MM. les Membres du conseil municipal, se transporte, escorté par la garde nationale et la compagnie des pompiers , à l'extrêmité du faubourg de Saint-Marcel , au point où est établi l'arc de triomphe. Quelques momens s'écoulent , et le canon , au bruit duquel se mêle le son des cloches, annonce que le Roi quitte la ville de Laon. Il la quitte, mais son auguste image, gravée dans tous les cœurs, sera toujours au milieu de nous ; les bontés sans nombre dont il nous a tous comblés ; les bienfaits que son âme si grande , si généreuse, a répandus sur les malheureux, rendront le Bien-Aimé toujours présent à nos esprits reconnaissans.

Depuis deux siècles, les mots , si heureux et si

touchans du bon Béarnais, sont dans toutes les bouches. Tout ce que nous a dit CHARLES a ce caractère, cette expression de bonté si franche qui gagne les cœurs. Et les dames, croyez-vous qu'elles n'aient pas consigné sur leurs *album* les complimens si aimables sortis d'une bouche royale ? Ces traits se perpétueront d'âge en âge, et l'histoire placera CHARLES à côté d'HENRI.

Le Roi est dans les rangs de la garde nationale dont il reçoit les témoignages d'amour avec les signes d'une affectueuse bonté. M. De Sars de la Suze se précipite à la portière de la voiture, et par quelques mots, il témoigne à S. M. la respectueuse gratitude des habitans de Laon que l'auguste présence de sa personne chérie a comblés d'un bonheur inaltérable. » Dites, M. le Maire, daigne répondre notre au-
» guste Monarque, dites aux habitans de Laon, que
» j'ai été très-content d'eux; que je leur demande
» de conserver mon souvenir; et que de mon côté
» je n'oublierai jamais le bon accueil qu'ils m'ont
» fait. »

Avec les clefs de la Ville, S. M. remet en ce moment à M. le Maire, en témoignage de sa royale satisfaction, une boîte en or avec son chiffre en diamens figuré sur le couvercle.

La voiture part.... Nos vœux, nos bénédictions et notre amour acompagnent le Roi dont la présence va faire le bonheur et la joie des bons, des loyaux habitans du Nord.

En remontant en ville avec le corps municipal, la garde nationale, qui a été l'objet, de la part du Roi, d'une bienveillance toute spéciale, n'a qu'un sujet d'entretien. Chacun se redit que le Roi a daigné lui adresser la parole. On cite les réponses et on arrive au milieu des cris sans nombre de *vive le Roi!* répétés de toutes parts.

Nous pensions voir terminer ici ce récit des événemens de deux journées qui seront à jamais chères aux Laonnois. Mais d'où partent ces nouveaux transports de joie, ces acclamations sans cesse renaissantes ? Oui, le Roi est encore au milieu de nous ! il y sera toujours...... Ces témoignages de bonheur s'échappent des salons de l'hôtel de Ville où la garde nationale et la compagnie des pompiers sont assises à un banquet que leur a fait préparer M. le Maire, qui préside à cette fête de famille. M. De Sars de la Suze se lève, et à son exemple, tous les grenadiers, chasseurs et pompiers.

« Au Roi, dit M. le Maire, au Bien-Aimé
» CHARLES qui a daigné visiter ses enfans, les fi-
» dèles habitans de Laon. Nos cœurs, pleins de gra-
» titude, qui sont dévoués à sa personne sacrée,
» conserveront toujours, oui, toujours, la mémoire
» de ses royales bontés.

» *Vive le ROI ! Vivent les Bourbons !* »

Cette santé si chère est accueillie avec une explosion de *vivat!* cet élan va partout se communiquer au dehors. D'autres toats sont successivement proposés : à M. le comte de Floirac, à M. De Sars de la Suze, aux habitans de Laon. Tous sont l'occasion d'une vive manifestation d'amour, de respect et de reconnaissance pour CHARLES X.

M. le Maire fait ensuite publier dans la ville une proclamation dans laquelle il retrace les bienveillans adieux que S. M. a daigné faire à la ville de Laon et dont les termes sont cités plus haut.

Nous ne dirons pas l'enthousiasme général qu'excite cette lecture. « Le Roi a été content, nous sommes heureux. » C'est l'unique réponse que font tous les habitans ; réponse suivie de nouveaux cris de *Vive le Roi !* viv*e* CHARLES LE BIEN-AIMÉ ! *Vivent les* BOURBONS !

FIN.

(22)

Composition du corps Municipal de la ville de Laon, en 1827.

Messieurs,

De Sars de la Suze, *maire.*

Ancelot, *
Poullet, *   } *adjoints.*

Membres du conseil Municipal.

Messieurs,

Charpentier d'Audron.	De Sars.	Labouret.
Cassan de Floirac. *	Duvoyen.	Manteau.
Courtin.	Dersu.	Maréchal Barnabé. *
Coffignon-Faucheux.	Delvincourt père.	Moret.
Devisme.	De Buzerolle.	Maréchal Dequen.
De Batz. *	François.	Milon.
De Signier.	Gaye. *	Oyon-Regnault. *
Dolle. *	Laurendeau père. *	Ponsuby.
De la Bretèche. *	Lecat.	Pourrier.
Dubois.	Longuet.	Thillois.

Nota. *Les noms suivis d'un astérisque sont ceux de MM. les Commissaires que M. le Maire s'était adjoints pour les dispositions relatives à l'ordonnance de la fête offerte à Sa Majesté.*

Faisaient aussi partie de cette commission MM. Laurendeau fils, procureur du Roi, et Huet, premier substitut.

Laon, Imprimerie de F. LE BLAN-Courtois.

www.ingramcontent.com/pod-product-compliance
Lightning Source LLC
Chambersburg PA
CBHW060451050426
42451CB00014B/3272